AF260378

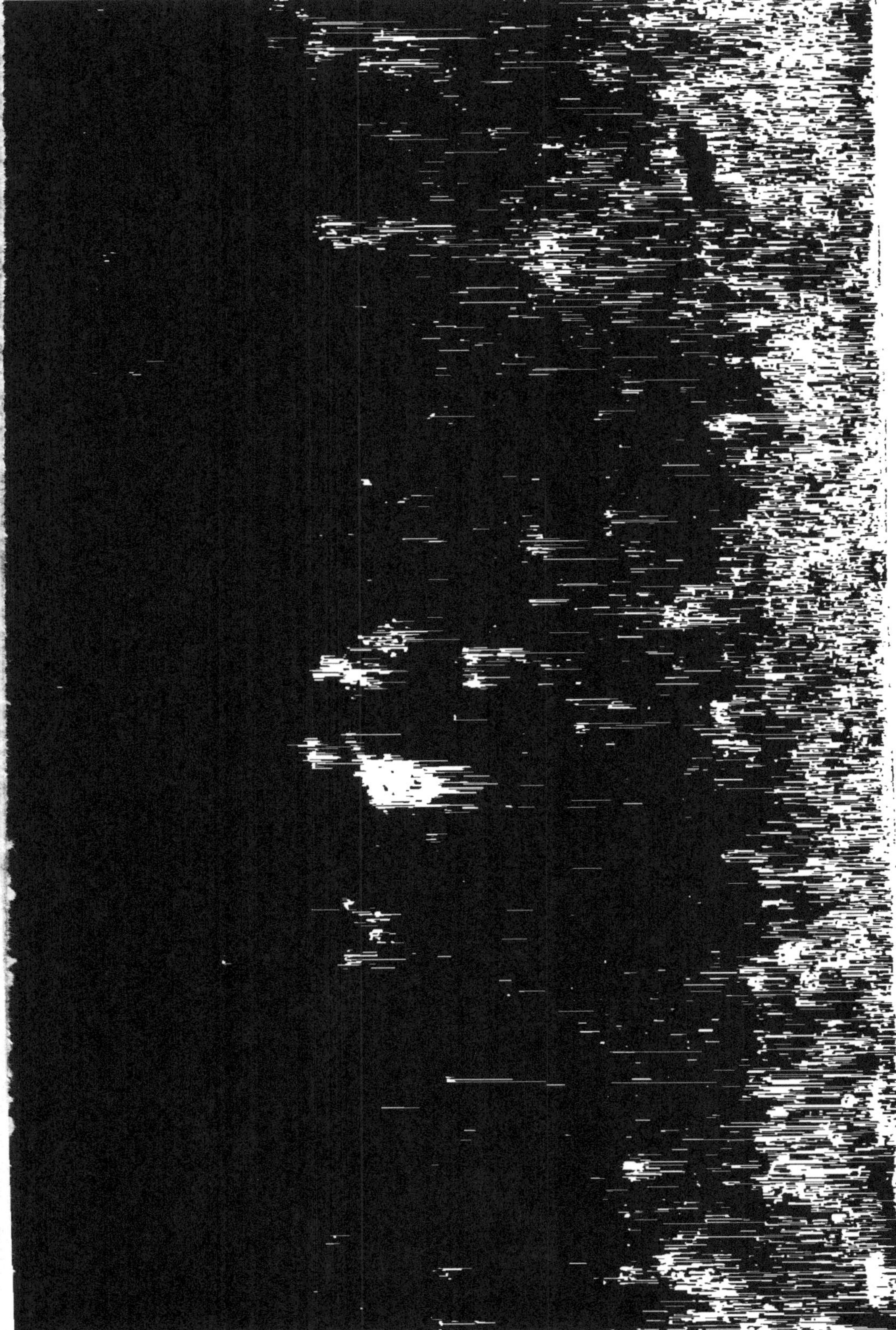

A Mr. de la Mésangère

de la part de Mr. de la Servie
+ de la grandeur

Nantes, ce 18 avril 1812.

———

~~~~ Honos alit artes.

———
~~~~

SIMPLE HISTORIQUE

SUR LE PASSAGE

DE S. M. L'EMPEREUR ET ROI

DANS LA VENDÉE, EN 1808.

Conformément à la loi, deux exemplaires de cet ouvrage ont été fournis à la Bibliothèque impériale.

Douze petits volumes de la collection des Œuvres de M. de la SERRIE (de la Vendée), à Paris, chez DIDOT jeune.

SIMPLE HISTORIQUE

SUR LE PASSAGE

DE S. M. L'EMPEREUR ET ROI

DANS LA VENDÉE, EN 1808,

PRÉCÉDÉ

D'UNE ODE SUR LE GÉNIE ET LA GLOIRE
DES COMBATS ;

PAR M. DE LA SERRIE (de la Vendée);

AVEC DES NOTES LITTÉRAIRES,

et des sujets héroïques dessinés et gravés de la
main de l'auteur.

C'est une qualité de héros que d'aimer les héros.
BALTHASAR GRACIAN, Max. 41.

A PARIS,

DE L'IMPRIMERIE DE DIDOT JEUNE.

1810.

Dessiné et Gravé par M. de la SERRE (de la Vendée) amat. des Arts.   1814

Précis CLEMENCE de Fonts Est

CLEMENCE de S.M. Imp. et R. envers la Princesse D'HARFELD de Prusse...

HOMMAGE à M. le Comte de CHAMPAGNY, minist. des Relat. Exter.

ALLA

SACRA REAL MAESTÁ

DI NAPOLEONE

IL GRANDE,

IMPERATORE DEI FRANCESI,

E RÉ D'ITALIA.

Στερνον κρουνὸς σπλαγχνων ὑπαρχει.
Pectus clementiæ fons est.

XENOPHON.

SIRE,

Vostra Maestá ha veduto, che il valore, la generositá, ed una affezione senza limiti hanno sempre distinto il popolo della Vendea; ed ha potuto assicurarsi co' i propri occhi que queste qualitá non sono bandite dalla mia patria, sulla quale V. M. si é degnata gettare uno sguardo paterno. Il popolo della vendea non é il menomo dei sudditi numerosi del suo vasto imperio, e dará in tutte le occasioni delle prove costanti della sua sommissione, spargendo, se ne sará bisogno, il suo sangue, ed i suoi beni per la sua sacra Persona.

Che posso io desiderare per me personalmente, e qual ricompensa posso bramare? on sono giá soddisfatto abbastanza nel vivere sotto le sue leggi, ed in un secolo, in cui le alte imprese delle sue schiere vincitrici hun prodotto tanti prodigi! Mi basta di partecipare i grati influssi, che lo splendor del suo regno, spande generalmente sulla mia patria, in procurarle una felicitá inaspettata, ed una profunda quiete. Questo popolo ammira (unitamente col suddito fedele, che consacra alla M. V. oggidi questa semplice notizia istorica del suo Passaggio nella Vendea) questo popolo ammira l'Eroe, che ha chiuso le voragini profonde dei tempi di ribellione e di anarchia, allontanate, ansi distrutte per sempre colle sue savie leggi; l'Eroe, che ha per cosi dire formato di nuovo i nostri cuori, in inspirar loro una nuova forza ed energia, di cui fino allora non erano stati capaci.

Sire, i suoi popoli lo portano ne' i loro cuori. Vostra Maestá é il sovrano degno del nostro amore, del nostro rispetto, e della nostra fedeltá; ed io dico qui col profeta: Iddio ha comandato agli angioli di aver cura della sua sacra Persona, e di custodirla in qualunque luogo si renderá. Possa V. M. godere durante il corso del suo regno le numerose felicitá, che la provvidenza divina le riserba. Questa istessa provvidenza si dimostra visibilmente nella sua sacra Persona; e sembre averle infuso la forza e la sua potenza assoluta. Possa V. M. vivere come Carlomagno, il grande per illustrare ed arricchire di nuova gloria la religione di Gesu Cristo! Possa V. M. vivere per lunghi e lunghi anni per esser l'oggetto continuo di amore, e di onore della grande nazione francese. Si degni sempre coprire questo popolo valoroso col suo impenetrabile scudo, all'ombra di cui, ed in seguire il volo delle aquile vincitrici d'un si illustre duce egli soggiogherá facilmente i numerosi remici, che ardirebbero attaccarlo.

Penetrato dai sentimenti del piú profundo rispetto, mi do l'onore di presentare alla M. V. i miei umilissimi omaggi, giunti al rispetto, ad alla fedeltá della mia famiglia per la sua sacra real Persona

DI VOSTRA SACRA REAL MAESTÁ,

L'umilissimo, obligatissimo, e
divotissimo servo e suddito,

DE LA SERRIE.

ella Vendea,
ugno 1809.

LA TEZTE D'ACHILLE, voy. le 2.d tom. de l'Odissée.

Sujet DÉDIÉ a mon Amy, M.r PAZTIZ DESODOURDS, chez le S.r Leu d'Honré.

Epît. Dédicat. à S. E. M.S. de Beauharnois, Sénat.

Compos. Dessiné et gravé par Mr de la Serrie. (Amat. des Beaux-Arts de la Vendée)

1807.

OUVERTURE DE LA MÉMORABLE BATAILLE DE FRIEDLAND (en 1807)

DÉDIÉE À MON AMI, Mr GEORGES OFFAND, (de l'illust. famille des Secours) OF. CAPne COL. AU 51ème REGt. D'INFne LÉGe.)

ODE

SUR LA GLOIRE ET LE GÉNIE

DES COMBATS.

A M. FANTIN DES ODOARDS,

CHEVALIER DE LA LÉGION D'HONNEUR.

> Docet manus meas ad prælium,
> digitos meos ad bellum.
>
> REX PROPH.

TANDIS que vous suivez honorablement
la carrière des armes, vous nous laissez
rêver avec les muses solitaires ; les muses,
amies de la sagesse, qui se plaisent à re-
dire dans leurs stances cadancées la grandeur d'ame des héros.

Vous savez bien que les enfans du
Permesse sont admirateurs de la gloire

belliqueuse, malgré qu'ils ne partagent pas toujours les périls et les hasards, comme le prouvent Ovide et Horace, qui ne furent que des officiers timides des légions aguerries de César-Auguste. Je dois pourtant accorder un noble courage au célèbre *Camouens* du Portugal, qui a chanté lui-même ses exploits dans les Indes : il était véritablement guerrier et poète sublime tout ensemble. Cet écrivain lyrique et martial me rappelle le nom de celui que vous lisez souvent au milieu du tumulte des armes : il est l'ornement de votre tente quand vos amis viennent vous y visiter ; et quand le devoir commande, alors, à l'imitation d'Alexandre, vous serrez précieusement ce livre dans votre cassette d'ébène.... Vous voyez bien que je veux parler d'Homère. Il n'a point été à la guerre, il n'a point vieilli sous le bouclier ; néanmoins qui a mieux représenté l'héroïsme ? qui a mieux

campé une armée? qui sait plus savamment la faire mouvoir que cet Homère,
l'objet de votre admiration? Convenez
que ce vieillard est divin pour peindre
et rendre aimable la vertu héroïque chez
les hommes qui figurent dans son Iliade.
Admirateur d'Homère comme personne,
moi-même je sens mon ame s'élever ra-
dieusement vers ce soleil lumineux de
tous les siècles chaque fois que je parle
de lui. Un autre poète a marché sur ses
traces; il paraît à quelques égards s'être
formé sur ce beau modèle des âges an-
tiques; il donne aussi, lui, à ses héros
un caractère bien grand, bien admira-
ble; il met du feu dans la description
de ses batailles, dans les discours de ses
guerriers; quelquefois même il est infiniment mieux soutenu qu'Homère dans
ses détails; ses couleurs, en mainte occasion, semblent mieux nuancées que
celles de ce patriarche de la poésie grec-

que : cet homme est le Tasse, seul digne d'être placé à côté d'Homère.

Je n'ai pas besoin d'interroger davantage Homère, Virgile, Lucain, le Tasse sur l'héroïsme, j'en trouve dans votre cœur les vertus et l'accomplissement. Je ne dirai point comme cette Spartiate à son fils : Reviens du combat dessous ou dessus ton bouclier, avec lui ou sur lui (η ταν, η επι ταν, *aut hoc, aut in hoc*[*]); je vous dirai au contraire : Revenez de nos armées revêtu de votre bouclier, la tête ombragée de votre panache ; revenez décoré des distinctions dues au vrai héros, c'est-à-dire, à l'homme sans peur et sans reproche.

. Vous avez commandé à ma muse timide de vous mettre sous les yeux le champ de bataille où vous figurâtes valeureusement[**] : je cède à ce noble desir. Je sens

* Thucydide. — ** Friedland.

naître en moi un heureux enthousiasme
pour la gloire des combats, j'invoque
Pindare, je prends ma lyre et je chante
pour vous :

Je me plais au champ de la gloire,
Aux combats j'anime les cœurs ;
Je chante ensemble la victoire,
Et les vaincus et les vainqueurs.
J'aime ces légions guerrières,
Ces armes blanches meurtrières,
Ce hennissement des chevaux,
Ces foudres de l'artillerie,
L'impatience et la furie
De tout un peuple de héros.

La trompette sonne l'alarme,
Et le combat va s'engager ;
Chaque soldat saisit son arme,
Et, plein d'ardeur, vole au danger.
D'abord avec ordre il s'avance
Vers l'arène de la vengeance ;
Mais, perdant sa ligne et son rang,
L'œil en feu, le cœur plein de rage,
Il se précipite au carnage
Couvert de poussière et de sang.

Bientôt le démon de la Thrace
Souffle dans le cœur des soldats
Cette furie et cette audace
Qui décident des grands combats.
Chaque guerrier sur son visage
Porte l'empreinte du courage,
Le fer tranchant brille en ses mains :
Forçant alors son adversaire,
Tantôt un sang noble ou vulgaire
Coule sous ses coups inhumains.

Épris d'une fougue indomptable,
Souvent le plus faible guerrier,
Au champ d'honneur inexorable,
Devient barbare, meurtrier.
De combattre l'ame brûlée,
Le lâche même, en la mêlée,
Se couronne par des succès :
Sur la plage horrible et sanglante,
Sa main hardie et triomphante
Partout fait un carnage épais.

Celui qui régit la bataille,
Au feu d'un choc impétueux
Pense, s'agite, se travaille,
Interroge le sort douteux ;
Ce chef habile et plein d'audace

Foudroie, épouvante, menace,
Étend, serre, double ses rangs
Selon que le combat s'engage;
Moins le terrain prête au courage,
Plus alors ses travaux sont grands.

Après une lutte barbare
De fureur et de cruauté,
La victoire enfin se déclare
De l'un ou de l'autre côté;
L'armée ennemie est en fuite,
Elle est vaincue, elle est réduite,
Les chefs, les soldats sont soumis:
Modeste au sein de la victoire,
Le vainqueur va mettre sa gloire
A secourir ses ennemis.

Donnez, donnez à la vaillance
Vos forces et votre repos;
Souvenez-vous que la clémence
Est l'apanage du héros.
Ne flétrissez point votre gloire,
Soit avant, après la victoire,
Par des actes de lâcheté;
L'ame noble partout se montre,
Soyez homme en toute rencontre,
Vainqueur modeste et sans fierté.

Parmi le bruit, le feu, l'orage ;
Et les désastres des combats,
Tranquillisez votre courage ,
Réglez vos ordres et vos pas.
Ayez sous vos yeux pour modèle
Un Fabius, un Marc-Aurèle :
Par les vertus et par l'honneur
Leur ame vraiment aguerrie
Sacrifiait à la patrie
Une utile et sage valeur.

Voyez, voyez cette ame égale ,
Cet invincible et noble cœur ;
Des champs sanglans de la Pharsale
Guerrier superbe, heureux vainqueur ,
Ni les dangers, ni les alarmes,
N'intimident jamais ses armes :
Quel courage est digne du tien,
César ! tu fais tonner la guerre,
Et César, maître de la terre,
En est la force et le soutien.

Des dieux, de Pompée et de Rome,
Triomphe, invincible César,
Montre à l'univers qu'un seul homme
Peut mettre cent rois à son char.
Que de l'aurore jusqu'à l'ourse

Dans ta victorieuse course
L'encens fume sur tes autels :
L'univers est ton apanage ;
Qu'il fléchisse sous le courage
Du plus grand de tous les mortels.

De César et de sa fortune
Mais si j'admire les exploits,
Si César tonne à la tribune,
Si dans les fers il met les rois,
Un héros vraiment magnanime
Partage aussi-bien mon estime
Que César, que Léonidas ;
Et la victoire couronnée,
Soit à Leuctres ou Mantinée,
Me rappelle Épaminondas.

Voilà donc l'homme et la vaillance,
L'homme redoutable aux tyrans;
C'est le héros par excellence,
Le modèle des conquérans.
L'or du Tage, l'or du Pactole,
Les couronnes du Capitole,
Ne purent jamais l'éblouir :
Clément, modeste, sans envie,
Il vit sa triomphante vie
Sur ses lauriers s'évanouir (*).

(*) Voyez la note.

Friedland, tes plaines funèbres
Pour le courage et l'action
Rappellent les héros célèbres
De Mantinée ou d'Ilion,
Dans ton arène ensanglantée
Nul n'a son ame épouvantée :
La gloire seule des combats
Inspire une noble vaillance,
Et tout guerrier, plein d'assurance,
Pour vaincre, affronte le trépas.

Ainsi dans les champs de Phrygie
Deux illustres peuples rivaux,
Et fiers d'une égale énergie,
S'attaquent, meurent en héros.
D'Ilion les tristes murailles
Sont couvertes de funérailles
Par mille et mille combattans....
Mais si sous la terre et sous l'herbe
Est cachée Ilion superbe,
Son nom surnage à tous les temps (**).

Toi, qui de Bellone guerrière
Marche sous les beaux étendards;
Toi, qui vieillis dans la carrière
Et des dangers et des hasards;
Toi, que le courage invincible

Rend à la fois calme et terrible ;
Français, ton nom victorieux,
Tracé par les mains de la Gloire,
Se lit au temple de mémoire
Sur l'airain et l'or précieux,

Ah ! si par vos vertus sublimes,
Guerriers, vous triomphez du sort,
Des siècles et de leurs abîmes ;
Si vos noms, après votre mort,
Par un bienfait de la nature
Passent à la race future ;
Si vos beaux noms sont révérés,
Vous le devez à la mémoire
De ces nourrissons de la gloire
Toujours noblement inspirés.

Toi qui brille dans la carrière
Des triomphes et des honneurs,
Jeune FANTIN, sous ma chaumière
Viens respirer les douces mœurs ;
Quitte cette guerrière audace
Pour me suivre sur le Parnasse,
Et dépose aux pieds de Pallas
Le casque, la lance et l'égide ;
Laisse pour la reine de Gnide
Le dieu terrible des combats.

Et toi, Déité si chérie,
Ramène nos jeunes guerriers
Au sein de leur belle patrie,
Joins pour eux l'olive aux lauriers ;
Que Cérès féconde la terre :
Oublions les maux de la guerre.
Aimez-vous, vainqueurs et vaincus ;
O Paix ! si long-temps desirée,
Ramène les beaux jours d'Astrée,
Ferme le temple de Janus.

Au séjour de la Serrie (en Vendée),
le 25 mai 1809.

(**) J'use ici de la même licence de plusieur:
Poëtes, qui ont mis Illion au féminin. — Or
dit *le* superbe et *la* superbe Illion, comm
la riche Sion. — Il est vrai que M. Delille, qu
fait autorité dans les lois poëtiques, met Illio
au masculin, à l'instar de Virgile.

Dessiné et Gravé par M. de la Serrie (amat. des beaux-arts) de la Vendée

SIMPLE HISTORIQUE

SUR LE PASSAGE

DE S. M. L'EMPEREUR ET ROI

DANS LA VENDÉE, en 1808.

.....Vocat in certamina reges.

VIRGILE.

La vie de l'homme, si brève par elle-même, offre néanmoins une immense étendue, dès qu'elle renferme autant d'actions mémorables que celles du vainqueur de l'anarchie en France. Comment sa vie a-t-elle déjà pu suffire à une multiplicité de grandes choses qui se surpassent toutes par elles-mêmes. Qu'est-ce donc que l'homme possédé d'un beau génie auprès de l'homme d'un esprit vulgaire ? Dans l'un, tout est ténèbres et rétréci ; dans l'autre, tout est lumineux et d'un vaste espace. Dans le premier, tout est

3

force, puissance, combinaison, netteté;
dans le second, tout est lâche, obscur,
borné. Il me semble que l'un est à une
distance incommensurable de nous, et
qu'avec des ailes invisibles il touche aux
cieux, et de là remue à son gré la masse
des humains; l'autre au contraire est
près de nous, tenant presque à la gros-
sièreté de la terre, et comme un tribut
qui doit lui revenir bientôt : l'un est un
homme composé d'une épaisse argile;
l'autre, d'une substance liée à quelque
chose qu'on ne peut expliquer ni avec
les opérations de la pensée ni avec celles
du génie.

Toute personne qui verra l'Alexandre,
le César, le Scipion, le Trajan de notre
âge, est à même d'étendre ce parallèle,
et de l'approfondir ensuite selon la force
de son entendement.

Disons encore que tout écrivain un
peu épris de la gloire à venir s'imagine
qu'en parlant d'un homme qui occupe
l'univers en embrassant à lui seul les

pensées de son siècle, ira à la race future comme le héros qu'il a admiré avec ses contemporains. Que cela soit ou non, l'espérance est toujours flatteuse ; et sans que cet écrivain soit un Homère, un Virgile, un Delille, on doit lui laisser cette douce illusion, pour peu que les vertus et le langage animé du cœur président à ses écrits.

Ce fut le 7 août 1808, que l'Empereur des Français quitta la ville de Niort-sur-Sèvres, pour faire son entrée triomphale dans le pays vendéen, avec l'Impératrice et Reine Josephine. Une même joie brillait sur leur visage, ainsi que le même air de bienveillance. La renommée de ce pays remarquable vint se peindre à leur imagination sous des couleurs fortes et énergiques, et livra leur ame un moment à des pensées tristes et profondes. Deux grandes gloires se trouvèrent alors à côté l'une de l'autre ; celle qui accompagne toujours NAPOLÉON I, et l'autre, qui est attachée à jamais à ma patrie, à cette

Vendée qui offrira long-temps un intérêt sensible et des souvenirs de douleurs.

Je peux le dire aujourd'hui, que la terre de la Vendée inspire mille sujets de méditations aux guerriers instruits, aux voyageurs étrangers qui aiment la scène où se sont passés de grands événemens. Par malheur nous sommes encore trop près de ces événemens pour y donner quelque attention sérieuse ; mais qu'on laisse écouler un demi-siècle ou plus, on verra comme le pinceau de l'historien sera énergique quand il retracera les faits de ce peuple opiniâtrément conduit par un chef dont le nom a retenti partout.

La Vendée plaira toujours à ceux qui, doués de vertus héroïques, y viendront chercher les causes de l'inexpérience ou du génie des hommes de guerre acteurs sur ce théâtre sanglant qui rappelle l'enthousiasme de l'honneur et le dévouement au danger. Et certes, voila des annales impérissables remplies de faits entassés, instructifs pour le roi comme

pour le sujet véritablement philosophes,
je veux dire sages, éclairés, pleins d'é-
motion pour cette belle gloire qui doit
assister l'homme dans tous les périodes
de sa vie.

Car j'avoue que l'invincible capitaine
qui occupe nos esprits rend tout le monde
amoureux de la gloire, tout le monde
voudrait se signaler dans ces combats
extraordinaires qui appartiennent à tous
les siècles.

Oui, ce qui honore davantage les annales historiques des empires, ce sont les
combats fameux; ils ne périssent point
dans le souvenir des hommes. Les journées des Thermopyles, de Marathon, de
Salamine, de Platée, de Chéronée,
après laquelle il n'y eut plus de Grèce;
de Cannes, d'Actium, ne sont-elles pas
aussi présentes à la mémoire du guerrier
que si ces journées se fussent passées
hier sous ses yeux.

Il me semble que la belle gloire héroïque, celle qui excite l'étonnement et

l'admiration, est la chose la plus grande qui soit au monde; et pour me servir d'une riche pensée de Périclès, dans son oraison funèbre des Athéniens morts dans les combats, je dirai « que la gloire est « le seul sentiment qui jamais ne vieil- « lisse; car, dans la ruine universelle de « l'homme périssant sous le poids des « années, ce n'est pas la passion des ri- « chesses qui survit, mais la passion de « la gloire * ».

Ce qui fait voir que la gloire des armes est tout ce qu'il y a de plus noble et qu'elle ne vieillira jamais, c'est que Dieu lui-même, si au-dessus des choses passagères de la terre, a pris souvent dans l'Écriture le titre de *Dieu des armées*. Cette expression solennelle est bien faite pour enorgueillir le véritable héros,

* Το φιλοτιμον μονον, αγῆρων, καί εν τω αχρεια της ηλικιας, το κερδαινειν ȣ τερπει μαλλον, ὡσπερ τινει φασι, αλλα το τιμασθαι (Voyez la note qui concerne M. Gail).

et faire pardonner à son amour pour la gloire.

Comprenez bien pourtant que cette gloire des armées que je rappelle ici ne consiste pas toujours dans une suite de succès rapides, dans un appareil imposant, dans une vaine prospérité, dans la louange des flatteurs ; mais cette gloire guerrière à laquelle est jointe l'admiration publique de tous les âges, de tous les siècles.

C'est dans cette carrière, la plus magnifique de toutes, où celui qui a assommé l'hydre de l'anarchie est entré avec les sentimens qu'il fallait avoir pour y marcher d'un pas ferme et s'y maintenir à des époques désastrueuses et en même temps critiques, liées, comme on le sait bien, à des opinions si divergentes alors.

C'est en mesurant la grandeur d'ame dans tous ses points, en s'annonçant toujours par des actions d'éclat dans les dangers où il s'est agi de paraître, que l'Empereur et Roi, sans s'étonner de rien, a étonné ses ennemis et l'univers. Ceux qui n'avaient que de l'indifférence ou de la haine pour sa personne n'ont pu se défendre d'un sentiment secret qui a trahi leur admiration cachée; ils ont dit : Voilà une gloire bien inconcevable, bien au-dessus de celle des peuples et des rois ordinaires. Cette gloire, en effet, est si haute et si universelle, qu'elle n'est point du tout à la portée des sentimens du vulgaire ou des exaltés sans principes, qui ne voyent jamais que l'homme physique, et le jugent toujours par passion.

Fontenay-le-Comte, en Vendée, reçut la première visite de S. M. Elle fit un honneur insigne au maire de cette ville, M. Laval, en voulant bien descendre chez lui avec l'Impératrice. Le soir, sa jeune intéressante fille toucha du piano en présence de leurs Majestés, et chanta un air de l'opéra des Bardes.

Après un court et léger sommeil, l'Empereur prit de grand matin la route de

Fontenay á Sainte - Hermine , traversa durant cinq lieues une plaine fertile , et arriva de bonne heure à ce village très-peuplé et très-connu , pendant les crises de la révolution , par son attachement extrême aux principes de la liberté. Le Souverain ne s'arrêta à Sainte-Hermine seulement que pour relayer. Le maire ne parut point; il était malade.

Non loin de Sainte-Hermine , sur la route de Feaule , S. M. reçut les complimens de MM. Grellier du Fougeroux , Citoys de la Ricottière , et Henri de Regnon de Chaligny , trois maires d'une considération justement acquise : l'Empereur les écouta avec une gracieuse bienveillance.

Il suivit sa route , toujours entre de belles plaines et des boccages variés , jusques au pont Charon , qui est d'une seule arche très-spacieuse , jetée avec hardiesse entre deux monticules assez rapides , au bas desquels passe le Lay , petite rivière qui va déboucher à la mer. Arrivé au pont Charon, on désigna à l'Empereur, d'un côté le camp des royalistes, et de l'autre celui des républicains, en 1793 et 1794. On lui dit que cet endroit était singulièrement remarquable à cause des attaques plusieurs fois essayées entre les Vendéens et les anarchistes ; que ce lieu, dans la Vendée, avait autant de réputation que le pont d'Arcole ou que celui sur lequel avait figuré Horatius Coclès.

S. M. arriva à Chantonnay, observant tout ce qui s'offrait rapidement à ses regards, comme châteaux, maisons, ruines, bois, prairies ; même à la Tabarrière, elle remarqua ces veines noires et sulfureuses qui sillonnent la terre de distance en distance, et semblent indiquer en cet endroit-là les sillons cachés de quelques minerais. Elle fit diverses questions au vieux pasteur évangélique de l'église de Chantonnay, M. Arnault, infatigable ouvrier pour la cité de Dieu, et dont toute la vie ne s'est révélée que

par la prière et des actions continuelles
de bienfaisance. — Des femmes, des enfans inspirés à la vue de leurs Souverains
présentèrent des fleurs, des fruits à l'Impératrice et Reine.

Leurs Majestés continuèrent leur route
jusqu'aux Quatre Chemins, laissant à leur
droite le château des Roches, où s'élève
une vieille tour d'une architecture tu-
desque au milieu d'un massif de peupliers,
château situé au centre d'un riche terrain,
appartenant à M. le sénateur comte de
Beauharnais ; et laissant à leur gauche
le château de l'Oye, emplacement d'un
camp assez fameux, saccagé tour à tour
par les républicains et les royalistes,
maison de plaisance qui appartenait à
M. de la Douëspe Du Fougerais.

L'Empereur donna ordre qu'on arrêtât
aux Quatre Chemins, dont l'un se dirige
vers Cholet et Angers, l'autre vers
Nantes ; le troisième mène à Napoléon ;
le quatrième à la Rochelle. Cette dernière route coupe une longée de marais

qui , par leur insalubrité dangereuse , rappellent au voyageur les funestes marais Pontains qu'il faut traverser pour aller de Rome à Naples.—Les Quatre Chemins présentent une arène renommée où vendéens et républicains mordirent la poussière, lieu d'attaques , d'embuscades, de luttes, de combats, de massacres des deux partis.... séjour où régna la guerre tumultueuse , les vengeances opiniâtres , les haines civiles.... lieu de mort et de sépulture pendant plus de six années : tels sont les Quatre Chemins. Il y avait beaucoup de monde rassemblé pour voir l'Empereur, qui , appuyé sur la portière de sa voiture , faisait familièrement des questions à ceux qui étaient le plus près de sa personne. — Un vieux prêtre paralytique , prieur d'un village appelé Mouchamp , s'approcha de S. M. , et semblable à ce vieillard de Jérusalem , homme juste , craignant Dieu , à qui une voix céleste avait révélé qu'il ne mourrait point sans voir le Rédempteur d'Israël , chanta le beau cantique de ce vieillard. — Cette sainte improvisation était heureuse dans la circonstance : aussi l'Empereur, qui en sentit la délicasse, récompensa-t-il gracieusement cet ecclésiastique infirme qui mourut quelques jours après.

Madame de Verteuil, d'une des plus anciennes nobles familles du Poitou, mère de trois enfans aveugles, éleva la voix dans la foule, en criant : Sire, ayez pitié, d'une mère infortunée, poursuivie par l'adversité.... L'Empereur, à ces mots, tendit la main et prit le placet de cette dame aussi saisie que troublée. Quittant les Quatre-Chemins, il continua sa route jusqu'aux Essarts, village remarquable par les ruines gothiques d'un château suzerain appartenant à M. de Lespinay du Pally, dont les deux enfans Auguste et Armand au service de S. M. I. et R. se distinguent avec honneur dans la carriere des armes, aimant mieux suivre cette noble carrière que de passer leur vie dans un obscur repos au milieu d'une soli-

tude, où l'existence pour ainsi dire im-
mobile, ne reçoit aucun encouragement,
aucune espérance, nulle émotion de grandeur. Armand, à peine à son quatrième
lustre, est capitaine d'ordonnance auprès
de la personne sacrée de S. M. l'Empereur
et Roi, qui témoigne un intérêt sensible à
ce jeune Vendéen. Auguste, blessé à la
bataille de Friedland, est retiré du service avec des marques honorables des-
cernées par son Souverain. Tous les deux
braves, tous les deux brillans de jeunesse,
Auguste et Armand ressemblent, l'un à
ce jeune Lausus, l'autre à ce jeune Pallas, intéressans guerriers comme on sait,
et que Virgile, dans son neuvième livre
de l'Énéide, nous a peints avec des couleurs si touchantes et si expressives.

S. M. quitta les Essarts pour arriver à
la Ferrière, où elle fut reçue militaire-
ment par la garde d'honneur à cheval,
commandée par M. Henri Serin de Luçon,
ancien officier au régiment d'Armagnac,
ayant pour ses capitaine et lieutenans

MM. Duchafauld de la Guinardière, de Bagneux de la Plissonnière, de Bessay de la Garcillière. — Ces gardes d'honneur de la Vendée étaient des enfans de riches propriétaires, des fils d'anciens gentils-hommes du Poitou, qui accompagnèrent Leurs Majestés jusqu'à la ville de Napoléon, à une faible distance de la Ferrière. — Leur apparition fut triomphante, à en juger par les cris, les applaudissemens, l'ivresse d'ame d'une grande foule accourue de toutes parts. — L'Empereur et Roi parut plus sensible à cet épanouissement d'une joie spontanée et publique qui indiquait la situation de l'ame des Vendéens, qu'aux édifices qui caractérisaient encore à peine sa ville naissante, qu'il parcourut en un moment, examinant tout avec ce calme qui lui est si familier dans les grandes comme dans les plus petites occasions : mais il trouva que rien ne répondait à ses vastes conceptions, rien qui fût digne de sa munificence.

Descendue à l'hôtel impérial, S. M. donna audience dans sa chambre à quelques maires des campagnes environnantes. Elle en questionna plusieurs, entre autre le maire de l'Isle-Dieu, ancien marin, propriétaire des Colonies, Célestin Turbé, qui parla à l'Empereur avec cette franchise naturelle toujours agréable à un Souverain qui donne à ses sujets la liberté de s'exprimer à leur aise. Il présenta un placet au nom de ses trois filles présomptives, nées créoles, Mélanie, Louise et Caroline, mais qui semblent plutôt issues du beau sang de l'Ionie, tant les Grâces prirent soin de les revêtir de leurs charmes.

M. de Jacobsen, nommé maire de Noirmoutier par l'Empereur et Roi (île sur les bords de l'Océan, à l'ouest de la Vendée et à une journée de distance du port des Sables d'Olonne), homme intègre, ami sensible, généreux, confiant, esprit aimable qui s'annonce toujours par un goût délicat pour les beaux-arts et la littérature ; M. de Jacobsen , dis-je , eut l'honneur de s'entretenir un moment avec l'Empereur.

Après l'audience des maires , une autre audience particulière fut accordée aux prêtres isolés de la Vendée , reste d'un troupeau nombreux frappé de mort durant les crises sanglantes et meurtrières des guerres civiles de ma malheureuse patrie. — Le grand - vicaire d'Aizenai , M. Herbert, adressa à S. M. un discours qui , par l'éloquence du cœur et une fonte d'expressions religieuses , se fit essentiellement remarquer.--L'attention du Prince envers des ecclésiastiques vieux , pauvres, infirmes, fut bien glorieuse pour l'Eglise de la Vendée : tous n'ont cessé depuis ce jour satisfaisant de prier pour la conservation d'un Héros à qui ses ennemis mêmes ne peuvent refuser leur crainte , leur étonnement et leur respect.

Il partit de Napoléon avec l'Impératrice à 5 heures du soir (le 8 août 1808). La garde d'honneur reconduisit la voiture aulique jusqu'au village de la Ferrière. Là le Prince, en se séparant de cette jeunesse animée, donna au chevalier Henri Serin, colonel de la garde, une boîte d'or enrichie de son chiffre en diamans. — Il partit. — En repassant aux Quatre-Chemins, il s'informa de madame de Verteuil, de cette mère qui s'était présentée avec trois enfans aveugles. Il tira aussi du malheur un ancien soldat réduit à travailler à une carrière pour gagner sa vie. — A côté de ce soldat, travaillait à la même carrière un ouvrier ayant les organes du cerveau aliénés. On lui dit que l'Empereur des Français enrichissait son camarade ; et de s'approcher aussi de la voiture :— Que voulez-vous que je demande, dit-il, je suis heureux, et je n'ai besoin de rien.

S. M. arrivée à Saint-Fulgent, le maire M. de Tinguy, homme d'un esprit agréable et modeste, lui adressa une petite harangue remplie de l'amour d'un sujet fidèle et soumis ; et, dans le cours de la conversation, il rappella à S. M. I. un dîner militaire dans la ville de Metz, où ils s'étaient trouvés ensemble. Ce souvenir de la première jeunesse de l'Empereur l'intéressa ; il prit la main de M. de Tinguy, et la serra amicalement. —L'Impératrice, de son côté, baisa et caressa l'enfant de madame Delille de la Morandière (créole), qui vint lui présenter, avec toutes les graces naïves de son âge, une corbeille où étaient diverses fleurs, des couronnes composées de roses, d'immortelles et de lauriers : l'enfant voulut ensuite reprendre sa corbeille, mais l'Impératrice insista pour la retenir ; puis arrivée à Nantes, renvoya cette même corbeille pleine de choses précieuses pour la mère et l'enfant.

LL. MM. passèrent à Saint-Georges de Montaigu. Elles furent surprises de voir encore ce gros village dans un état de ruine. —Le maire du lieu, paysan honnête, improvisa à sa manière un compliment de circonstance, qui ne laissa pas

que de faire sourire l'Empereur et l'Im=
pératrice, cherchant néanmoins à garder
un air imposant. Ce maire leur mit sous
les yeux le désastre de son village, la
pauvreté du pasteur évangélique, celle
de son église, celle du presbytère ; tout
eut part aux bonnes graces de l'Empereur.

Un moment après il fit son entrée à
Montaigu, qui a fourni, comme on sait,
à la révolution, des personnages qui se
sont signalés en se faisant connaître durant les crises de folies et de crimes.
— La ville de Montaigu a été incendiée,
et n'a de remarquable qu'un ancien
château entouré de larges fossés, ayant
bastions, tours, souterrains ; il a soutenu
des siéges ; et on assure qu'il a été bâti
en même temps que le château fort de
Nantes, là où le cardinal de Retz, comme
on sait, fut enfermé, et où il écrivit ses
mémoires politiques, dont la lecture
charme toujours les esprits délicats.

L'Empereur traversa Montaigu et s'arrêta un moment pour dîner dans la mai-

son de M. Tortat : ce fut chez ce jeune
avocat que Leurs Majestés se trouvèrent
indisposées pour avoir bu de l'eau qui
avait séjourné trop long-temps dans des
jarres , et décomposée par le calorique
d'une cheminée de cuisine vis-à-vis de
laquelle les jarres étaient placées. L'Impératrice et Reine éprouva subitement une
atonie d'estomac après avoir bu un verre
de cette eau presque tiède, et l'Empereur
se trouva aussi un peu dérangé : cet accident n'eut point d'autre suite fâcheuse.

Pendant son dîner, le monarque s'informa de plusieurs personnes marquan-
tes des environs de Montaigu qui avaient
figuré dans la guerre de la Vendée , entre
autres de messieurs de Sapineau , cinq
frères encore existans. On répondit à S. M.
que ces Vendéens demeuraient à quelques lieues de là , et que, comme des
guerriers chrétiens de la Palestine , ils
avaient plutôt cherché à sauver leur honneur que leur fortune.

L'Empereur se mit en route pour se

rendre à Nantes, à douze milles à peu près de Montaigu. On l'y attendait avec empressement; des fêtes les plus brillantes lui étaient préparées : la garde d'honneur, nombreuse, revêtue d'un uniforme aussi riche qu'éclatant, son aimable colonel, M. Deurbroucq, homme magnifique et plein de courtoisie, tout soupirait après l'arrivée tardive du Prince.

Sur le pont de Remouillé, là où finit la terre de la Vendée et commence celle de la Bretagne, comme le Souverain allait traverser ce petit pont jeté au bas d'un détour et d'une descente assez rapide, une jeune paysanne nommée Henriette Goussin, parée des graces simples de son village, vint se jeter seule, dans l'attitude d'une suppliante, au devant de la voiture impériale. Sire, dit cette jeune fille en tremblant, j'ai une grace à vous demander. Depuis hier je vous attends ici sur ce chemin; j'y ai passé la nuit, toujours veillant, toujours mes regards tournés vers la route par laquelle vous deviez arriver. — Hé bien, que desirez-vous mon enfant, dit l'Empereur, qui avait fait arrêter de peur d'accident. — Sire, continua l'intéressante villageoise, je suis accordée en mariage à un jeune homme honnête qui se trouve de la conscription de cette année; sauvez-le, vous le pouvez seul, et je suis heureuse. — Hé bien, ajouta le Prince en souriant, soyez heureuse comme vous le desirez, je vous accorde votre grace. Et il lui fit distribuer en même temps quelques pièces d'or pour ajouter à la dot qu'elle devait donner avec son cœur.

Au moment où la jeune fille se relevait pour faire la révérence à leurs Majestés, accourut un paysan, le chapeau bas et l'air satisfait. L'Empereur le prévenant : Demandes-tu quelque chose, mon ami? — Sire, que votre main à baiser. — Dis-moi, as-tu été républicain ou royaliste? — Mon capitaine, dit le paysan, j'ai toujours servi dans les armées royales, et je me suis bien battu je vous assure

contre les bleus. L'Empereur lui donna
sa main à baiser, imitant en cela le roi
de Macédoine, qui me rappelle ce trait
au moment que je cite celui-ci. Alexandre ayant été malade, reparut quelques
jours après au milieu de ses vieilles légions guerrières. Un soldat, plein de joie
de le revoir en bonne santé, jette ses
armes, quitte ses rangs, se précipite vers
Alexandre. Que veux-tu, dit le monarque
en se retournant ? Votre main à baiser à
l'un de vos fidèles soldats, trop glorieux
de vous revoir encore au milieu de vos
braves guerriers. Cette marque particulière d'affection toucha beaucoup le cœur
d'Alexandre.

Je quitte l'Empereur des Français, je
l'ai suivi, comme on vient de le voir,
jusques sur les limites de mon département. J'ai satisfait avec plaisir à un devoir agréable imposé par des amis indulgens ; j'ai rédigé d'une manière concise,
simple, vraie, un petit bulletin historique sur le passage dans la Vendée, du

vainqueur de Marengo , d'Austerlitz , d'Iéna, de Preuss - Élau , de Friedland , de Ratisbonne, d'Eckmühl, d'Esling , sur les bords du Danube, oui , d'Esling, fameuse journée qui atteste aux yeux de l'univers et des siècles la puissance de l'honneur et du courage des Français *.

* Cette mémorable journée militaire a eu lieu le 21 mai 1809. Le duc de Montebello s'y surpassa par une valeur plus qu'humaine. Blessé à mort dans la mêlée des combattans , il fut apporté devant l'Empereur , qui, en versant des larmes, le prit dans ses bras. « Dans une « heure, lui dit Montebello , vous aurez perdu « celui qui meurt avec la gloire et la conviction « d'avoir été et d'être votre meilleur ami ». (Voyez le détail de cette grande journée dans le dixième bulletin du 23 mai 1809.

F I N.

NOTES

HISTORIQUES ET LITTÉRAIRES.

Page 14, ligne 3.

Ovide et Horace ne furent que des officiers timides...

On sait qu'ils jetèrent un jour leurs boucliers dans une bataille, et se sauvèrent pour devenir ensuite les plus grands poètes de leur siècle. On ne compte encore qu'un poète mort à la guerre et tué au champ d'honneur; c'est Garcillasso, réparateur de la poésie espagnole, comme l'observe M. Ménage. Ce Garcillasso servait sous Charles-Quint : il est à l'Espagne ce que Malherbe est à la France.

Page 21, vers 4.

Qu'il fléchisse sous le courage
Du plus grand de tous les mortels.

Jules César était chauve; mais, comme l'a dit ingénieusement un ancien, il couvrit ce défaut de l'ombre de ses lauriers.

César est sans contredit le plus étonnant des hommes de guerre qu'il y ait eu; tous les siècles

ont retenti de son nom. On sait que la mort de César fut un deuil général dans tout l'univers.

Je ne crois point ce qu'Appien débite de César, qui combattit dans les Gaules contre trois millions d'hommes ; qu'il en tua un million, et que les deux autres millions furent faits prisonniers ; et il ajoute que César prit plus de huit cents villes dans les Gaules. Il y a de l'exagération dans ce narré historique. On me dira : mais Plutarque rapporte la même chose, aussi-bien que Velléius Paterculus : cela ne prouve rien en faveur de la vérité.

Par exemple, c'est bien une chose certaine que J. César a parcouru toute notre Vendée les armes à la main, et qu'il a livré plusieurs combats, où tantôt il a été vainqueur, et tantôt vaincu. Il y a eu même un camp de plus de cent mille hommes, durant l'espace d'un an et demi, dans les plaines d'Avrillé, village qui se trouve sur la route des sables d'Olonne à Luçon. On voit encore dans ce camp plusieurs tombeaux taillés d'une seule pierre, d'un granit dur, d'une masse énorme et d'une construction pyramidale. M. Cavoleau, de Fontenay-le-Comte, dans sa Statistique de la Vendée, a donné des détails intéressans et judicieux sur les monumens quadrangulaires ; il en fait remonter l'origine bien avant la venue de César dans les Gaules. Il pourrait se faire même qu'ils fussent antérieurs à l'époque reculée des Druides.

Page 21, vers 13.

La victoire de Mantinée
Me rappelle Epaminondas.

Le nom d'Epaminondas, capitaine thébain, qui porta les armes en faveur de Lacédémone, flatte la plupart des vrais héros, qui le considèrent comme un modèle sous le rapport de toutes les vertus héroïques. « Epaminondas, « ce général plein d'équité et de modération, « n'avait jamais été marié, dit M. Rollin. Un « de ses amis le plaignait de ne point laisser de « postérité; tu te trompes, lui dit-il, en se « tournant vers lui : je laisse deux filles immor- « telles après moi, la victoire de Leuctres et « celle de Mantinée ».

Page 21, vers 13.

Les couronnes du Capitole
Ne purent jamais l'éblouir.

On sait que Rome offrit des couronnes et des sommes d'or considérables pour s'attacher Epaminondas, dont les armes toujours victorieuses excitaient singulièrement la jalousie des Romains. J'ai oublié de dire qu'Epaminondas était très-habile dans la philosophie, dans l'art oratoire; qu'il eut pour maitre le célèbre orateur Lysis.

Page 23, vers 14.

Ces nourrissons de la gloire
Toujours noblement inspirés.

Ce sont les enfans des Muses qui se plaisent le plus en effet à raconter dans leurs vers le nom et la gloire des héros.

Pag. 23, vers 18.

Jeune Fantin, sous ma chaumière
Viens respirer les douces mœurs.

M. Fantin, neveu de l'historien Fantin des Odoards, jeune brave de mes amis, s'est déjà distingué à plusieurs batailles célèbres, comme celles d'Austerlitz, de Preuss-Eylau, de Friedland, etc., etc. Il joint au goût des armes un esprit agréablement cultivé par les sciences, les muses et les beaux-arts. Voici une lettre récente de ce preux chevalier, qui donnera une idée des sentimens de son ame.

Des bords du Tage, le 20 février 1810.

« La dernière épitre que j'eus l'honneur de
« vous écrire était datée des bords de la Vistule;
« celle-ci l'est des bords du Tage : à ces deux
« extrémités de l'Europe, j'ai également pré-
« sent à ma mémoire les intéressans solitaires

« de la Ser*** en Vendée, et les momens pleins
« de charmes que j'ai passés au milieu d'eux.
« Depuis que j'ai franchi les Pyrénées, j'ai été
« exposé à bien des dangers; mais en Espagne,
« comme en Portugal, mon bon génie n'a pas
« cessé de me couvrir de son égide. J'ai vu
« périr autour de moi mes meilleurs amis, et
« j'ai été épargné. Vous savez la mort du jeune
« Georges Offand, dont la société, infiniment
« précieuse, était bien faite pour plaire aux
« hommes de votre trempe. Une balle anglaise
« l'a tué au combat de la Corogne. Je lui ai fait
« rendre les derniers devoirs, et ce n'a pas été
« sans douleur; j'ai moi - même recouvert sa
« tombe de gazon; elle est sous un olivier à peu de
« distance du champ de bataille, au faîte d'une
« colline d'où l'on découvre une mer sans
« bornes. Si jamais vous allez en Galice, vous
« la reconnaîtrez à une large pierre sur laquelle
« j'ai gravé quelques mots simples inspirés par
« l'amitié.

« Adieu, aimable philosophe chrétien, etc. etc. ».

FANTIN DES ODOARDS.

Page 25, ligne 8.

Qu'est-ce donc que l'homme possédé d'un beau génie.

L'Empereur et Roi est naturellement sensible
et éloquent. S'il parle à des ambassadeurs ou à

des princes étrangers, c'est alors qu'il développe sans peine la puissance des raisonnemens d'un logicien et d'un politique habile. S'il parle peu, il parle toujours avec méthode et justesse; il possède admirablement les lois de l'analyse et celles de la synthèse. Il possède aussi à ravir le génie de la langue française, et il ne se trompe jamais sur la beauté qui nait du choix et de l'agencement de l'expression; ce qui est un rare avantage pour un prince. Auguste, au rapport de Tacite, parlait dans toutes les occasions avec grace et facilité, et il s'en félicite comme une qualité essentielle à un prince. *Augusto prompta ac profluens quæ deceret principem eloquentia fuit.* On sait aussi que l'Empereur des Français aime beaucoup les lettres et les arts, deux vertus qui sympathisent à merveille avec l'ame du héros. Ce qui me fait ressouvenir ici de cette belle pensée du pape Jules II : que les lettres sont de l'argent pour les roturiers, de l'or pour les nobles et des diamans dans les princes. Balthasar Gracian, Espagnol, n'a point oublié cette belle qualité dans son livre intitulé : le *Héros.*

Page 28, ligne 3.

Je peux le dire aujourd'hui, que la terre de la Vendée inspire mille sujets de méditations....

Hélas, chaque colon de cette contrée, en la-

bourant maintenant son champ, peut se dire
ce vers expressif du poème de la Pharsale :

Quæ seges infectâ surget non decolor herbâ?

« O terre ! peux-tu produire des moissons qui
« ne soient pas empoisonnées et souillées de
« sang humain ».

Page 28, ligne 14.

Ce peuple vendéen opiniâtrement conduit par un chef
dont le nom a retenti partout.

Parmi tant de chefs qui ont figuré sur le
théâtre de la guerre de la Vendée, Charette
pour ainsi dire s'élève seul, et fixe tous les
regards. Qui avait rendu cet homme guerrier ?
qui lui avait donné des idées d'héroïsme ? L'a-
mour de son pays et la nécessité d'une juste
vengeance : deux sentimens qui produisent quelquefois les grands hommes.

Voilà le nom de Charette inscrit à jamais
dans les annales historiques des empires. On
se souviendra toujours de son camp de Belleville, petit village à deux lieues de la Roche-
sur-Yon (aujourd'hui Napoléon). Charette se
tenait ordinairement à Belleville ; c'était là son
quartier général, d'où émanaient ses ordres,
ses commandemens, ses lois de subordination.
Il voyait tout, surveillait à tout par lui-même ;
jamais de relâche, de repos. Continuellement

à cheval , le jour la nuit ; il visitait ses postes; rien ne lui échappait ; il devinait les mouvemens les plus secrets des armées républicaines. La vie militaire de cet homme et l'audace de son courage me paraissent une chose incompréhensible. Je trouve que M. Alphonse Beauchamp d'Angers, écrivain élégant, correct, qui a étudié Tacite, qui l'imite même quelquefois heureusement; je trouve, dis-je, dans son Histoire de la guerre de la Vendée, qu'il n'a point assez entretenu son lecteur du généralissime Charette, qui méritait seul son enthousiasme et son admiration ; car, en ouvrant les annales historiques des guerres de la Vendée, ce ne sont pas des noms secondaires qu'on y recherche, qu'on y admire, mais le nom de Charette seulement.

Page 30, ligne 9.

Ce n'est pas la passion des richesses qui survit dans l'homme, mais la passion de la gloire.....

. . . . το φιλοτιμον μονον αγηρων, etc.

L'amour de la gloire seul ne vieillissait pas.

Voyez à ce sujet l'élégante version de cette harangue de Périclès, par J. B. Gail (qu'il ne faut pas confondre avec le docteur Gall), censeur de la chaire grecque au collège de France, de plusieurs académies savantes de l'Europe,

lecteur ordinaire de S. M. l'Empereur et Roi,
et d'un grand ordre de la Russie. Presque tous
les livres grecs ont déjà passé par les mains de
ce savant et infatigable helléniste ; il les a
traduits, revus ou corrigés avec une patience
même au-delà du scrupule ; tels sont, par exemple, Hésiode,.Homère, Pindare, Callimaque,
Anacréon, Sapho, Moschus, Euripide, So-
phocle, Démosthène, Hérodote, Polybe, Thucydide, Xénophon, Plutarque, Lysias, Iso-
crate, Denys d'Halicarnasse, Suidas, Diogène
de Laërce, etc. M. Gail a une plume aussi
élégante que facile : il finit et lime toujours
bien ses ouvrages. Son Thucydide lui a presque valu des éloges publics des princes et savans du monde littéraire : il est dédié à l'ex-
cellentissime et magnifique Empereur de toutes
les Russies, Alexandre, prince savant. Ce bel
ouvrage de Thucydide suppose de la part du
professeur helléniste un travail au-dessus des
forces ordinaires. Il a un compétiteur ou un
rival qui le suit de près pour l'érudition et
l'entendement de la langue grecque ; c'est M. de
la Boissonade. Ce qu'il y a d'honorable pour
l'un et pour l'autre, c'est que ces deux excellens
hommes sont liés d'amitié. Tant qu'à moi, je ne
suis que le modeste ami et très-humble disciple
de M.Gail ; il m'a donné des leçons de savoir,des-
quelles malheureusement je n'ai point profité :

je regrette mon inaptitude; mais il n'est plus temps.

Page 31, ligne 15.

Pour y marcher d'un pas ferme et s'y maintenir à des époques désastreuses....

Louis XVI aurait bien dû retenir et mettre en pratique cette profonde maxime de Machiavel : « Que l'homme qui voudra faire profession d'être parfaitement bon parmi tant d'autres qui ne le sont pas, ne manquera jamais de périr. C'est donc une nécessité que le prince qui veut se maintenir apprenne à pouvoir n'être pas bon, quand il ne faut pas l'être ».

Page 32, ligne 15.

Fontenay-le-Comte, en Vendée....

Cette petite ville a donné le jour à plusieurs savans, tels que le P. Rapin, jésuite, qui, par le charme de sa belle versification latine, fut quelquefois assimilé à Virgile ; le P. Giraudeau, jésuite, l'auteur très-connu de la meilleure grammaire hébraïque que nous possédions. Il a rendu à sa simplicité cette langue aisée, noble, sublime, en la débarrassant des points et accents multipliés, introduits par le rabinisme. Collardeau, l'auteur du poème de Prométhée ; Brisson, l'un des collaborateurs de l'Histoire naturelle du Pline de la France ; André Tira-

queau, jurisconsulte célèbre, collègue de l'illustre François Duaren, et ayant pour ami un
autre personnage plus illustre encore, Jean
Fernel, le premier médecin peut-être, après
Hippocrate, qui ait existé dans le monde. Il y a
un vieux bulletin dans les archives de Fontenay, qui porte que Charlemagne le Grand et
Charles V, dit le Sage, ont séjourné dans cette
ville lorsqu'ils visitèrent les côtes de la mer
océanne du Poitou. Je doute de cette assertion.
Par exemple, François I, Henri IV, Louis XIII,
le connétable Duguesclin, le duc de Sully, et
plusieurs autres de cette marque, ont honoré
Fontenay de leur présence à des époques plus ou
moins critiques.

Page 34, ligne 15.

S. M. remarqua à la Tabarrière des veines noires et sulfureuses qui sillonnent la terre en cet endroit.....

Une société avait déjà, en 1787, commencé
des fouilles pour la recherche de cette mine de
la Tabarrière ; mais ces fouilles furent bientôt
abandonnées, faute du peu d'industrie et de
finances des sociétaires. On assure que M. de la
Borde devait faire ouvrir cette mine en 1790,
sans la révolution qui s'annonçait déjà par de
sinistres orages.

Personne n'ignore comme cet homme, connu
par ses grandes richesses et ses immenses bien-

faits, a fini en 1793; il a eu la tête tranchée sur l'échafaud le même jour et à la même heure que ses amis et confrères Messieurs de Guibeville, Mesnard de Chousy, avec ses deux fils; Messieurs Rougeot, Devantes, Deville, Brac de la Perrière, Delaage, père, Pautz, Fabus-Vernant, Menage de Pressigny, Didelot, Parceval, Dangé de Bagneux, Le Bas de Courmont, Papillon d'Auteroche, Saleur de Grisières, Berenger, Cuigneaux de l'Epinay, Prevost d'Arlincourt, Maubert de Neuilly, Parsel de Saint-Cristau, Saint-Amand, Moncloux, de la Haye, Randon de la Tour, Brochet de Saint-Prest, Nicolaï, Isabeau de Monval, Dupleix de Baquencour, Deyeux, Giac, mari de la belle duchesse de Chaulnes, Perrot, président de la chambre des comptes, tous banquiers, fermiers généraux, maîtres des requêtes, eurent, dis-je, la tête tranchée le même jour et à la même heure que M. de la Borde.

Page 35, ligne 16.

Maison de plaisance qui appartenait à M. de la Douespe Dufougerais de la Vendée.

Son fils, M. Dufougerais, est maintenant propriétaire de la manufacture impériale de cristaux du mont Cénis. Cet aimable homme, avantageusement connu, auquel je suis lié

a fait plusieurs belles découvertes qui lui ont
valu des marques distinctives de ses souverains. Son nouveau cristal, qui surpasse de
beaucoup le flint glass anglais par sa densité,
son épaisseur, la pureté de sa réflexion, est
sans prix pour les habiles opticiens, qui peuvent
maintenant fabriquer des verres achromatiques
bien supérieurs à ceux de l'Angleterre et des
autres pays étrangers.

Page 35, ligne 19.

L'Empereur donna ordre qu'on arrêtât aux Quatre-Chemins.

. D'après l'arrêté de son itinéraire, l'Empereur
ne devait point passer à la Rochelle; mais il reçut
à Rochefort une députation de cette ville mari-
time; et, ne pouvant se refuser à cet acte de
respect, il céda aux instances de cette députation, composée de l'Évêque, du maire (M. Paul
Garreau) et de plusieurs autres personnages dis-
tingués. Sa Majesté vint visiter un moment la
ville de la Rochelle, qui a laissé dans le souvenir
des hommes de profondes traces de son indé-
pendance et de son génie âpre pour la liberté.
Henri le Grand aimait beaucoup le caractère
audacieux, la fierté persévérante, le courage
noble et mâle, l'esprit délicat et subtil des Rochelais. On sait que ce roi incomparable signait
souvent ses lettres : *Henri* IV, *le bien bon ami
des Rochelais.*

Page 39, ligne 23.

L'Empereur ne trouva rien qui fût digne de sa munificence....

Le site où l'on bâtit aujourd'hui la ville de
Napoléon s'appelait la Roche-sur-Yon. On ne
sera pas fâché de trouver à ce sujet une lettre
qui m'a été adressée par un homme instruit et
estimable de mes amis, M. Pre*** de Mail***.

MONSIEUR,

« Je vous dirai que le premier seigneur
« de la Roche-sur-Yon qui me soit connu,
« est Ingelènes, qui, en 994, obtint de
« Guillaume III, comte de Poitou, le corps
« de saint Lienne, abbé du monastère de Saint-
« Hilaire le Grand de Poitiers. Cette seigneu-
« rie passa dans la famille des Mauléons au
« commencement du treisième siècle, par le
« mariage de Béatrix, dame de Machecoult,
« Luçon et de la Roche-sur-Yon, avec Guil-
« leaume de Mauléon, qui fondirent l'abbaye
« des Fontenelles dans la forêt de la Roche-sur-
« Yon en 1210:
« Après la mort de son mari, qui fut inhumé
« dans cette abbaye, la dame Béatrix épousa
« en seconde noces Aymeri, vicomte de
« Thouars, duquel elle eut Jeanne de Thouars.
« Cette union ne fut pas longue : Béatrix,

« dame de la Roche-sur-Yon, ainsi que sa
« fille, moururent, et leurs corps reposent
« auprès de celui de leur mari et de leur père.
« La Roche-sur-Yon dans la suite fut engagée à
« Louis de Beauveau, sénéchal d'Anjou, pour
« onze mille écus.

« Cette terre entra dans la famille des Bour-
« bons en 1454, par le mariage d'Isabelle de
« Beauveau, dame de Champigny de la Roche-
« sur-Yon, avec Jean de Bourbon, comte de
« Vendôme, seigneur d'Epernon. Cette Isabelle
« fut la dixième aïeule de Louis XVI, qui ferme
« la dynastie des Bourbons.

« Voilà, monsieur, un aperçu sur les pre-
« miers maîtres de la Roche-sur-Yon. Dans
« une autre lettre, je me ferai un plaisir de
« vous informer de quelle manière cette prin-
« cipauté est passée dans les maisons Montpen-
« sier, d'Orléans, Conti, et vous ferai con-
« naître, autant que possible, la chronologie
« des illustres princes de la Roche-sur-Yon. Il
« faut exhumer cette ville du tombeau où elle
« est ensevelie, afin de mettre ses nouveaux
« habitans à même de ne pas vivre comme des
« étrangers dans leur propre pays. Cicéron a
« dit : Que l'histoire était le témoin des temps,
« la lumière de la vérité, la vie de la mémoire et
« la messagère de l'antiquité ».

Chaumière et carré de Marais du Maire de la comm'e. de BESSIZES, près Niort en Poitou.

Page 40, ligne 9.

Un souverain qui donne à ses sujets la liberté de s'exprimer à leur aise....

Maître Guibert, maire de Bessines, auprès de Niort en Poitou, venait précédemment d'intéresser S. M. l'Empereur par la franchise avec laquelle ce maire de village avait parlé à son souverain dans une occasion où il s'agissait de faire valoir les droits de propriété des malheureux habitans des marais de Bessines, que des hommes étrangers et cupides voulaient envahir injustement. Guibert parut devant l'Empereur dans son costume journalier et de labour, se souciant peu des étiquettes, et au nom des habitans de sa commune, ce paysan plaida courageusement la cause de ses concitoyens avec cette éloquence sensée qui dispose et intéresse toujours; cet homme s'énonça avec cette chaleur naturelle que l'indignation de l'injustice lui suscita en ce moment; il parla avec une grande liberté, gesticula de même, confondit l'intrigue de ceux qui avaient des vues perfides sur les propriétés sacrées des colons du marais de Bessines. J'ose dire que maître Guibert ne manqua jamais de respect à S. M. l'Empereur et Roi, qui l'écouta attentivement, fit signe de la main de le laisser parler et agir à sa manière (quand quelques personnes intéressées de la ville de Niort et des environs voulurent faire sortir Guibert et l'empêcher de parler). Je n'ai pas besoin de dire que ce maire eut tout le succès qu'il devait attendre d'une cause estimée, si juste d'avance aux yeux de son Prince.

Pour connaître à fond cette affaire majeure, lisez le gros mémoire in-4.° rédigé savamment au nom des colons indigènes de Bessines, présenté à Sa Majesté impériale et royale par M. Allard de la Resnière, ancien magistrat, ancien jurisconsulte de Poitiers.

In omni scientiâ loquens homo est.

Page 46, ligne 3.

Des fêtes étaient préparées à Nantes pour recevoir magnifiquement leurs Majestés....

A un bal que la ville donna à LL. MM., une dame, voulant obtenir une grace de laquelle dépendait le bonheur de sa vie, à l'exemple de la princesse d'Harfeld, vint se jeter comme elle aux pieds de l'Empereur, qui observa avec beaucoup de douceur à cette suppliante, que ce n'était point à un bal ni à une assemblée publique qu'on devait implorer de la sorte sa miséricorde, et Sa Majesté pardonna aisément à une femme éplorée qui, ne trouvant peut-être que ce moment favorable pour tomber au genoux de son Roi, cède à sa première inspiration, et à ce moment instantané qu'elle ne retrouvera sans doute jamais.

Disons que ces sortes d'actes de clémence de la part des souverains puissans vont loin dans la mémoire des hommes. Lorsque nous considérons la belle galerie de peinture où notre Lebrun a représenté, avec un art merveilleux, les grandes actions d'Alexandre, quel est de ces tableaux celui qui nous plaît, qui nous attendrit davantage, après que notre vue a été lassée par tant de combats sanglans et extraordinaires? Sans contredit, c'est le tableau où Lebrun nous représente, en adoucissant ses pinceaux et son génie, la mère et l'épouse de Darius embrassant ensemble les genoux d'Alexandre qui vient de vaincre le roi des Perses. Vous voyez que l'attitude et les traits de la figure d'Alexandre sont autrement exprimés qu'à l'heure où il commande le passage du Granique, ou qu'il ordonne la bataille d'Arbelles.

Qu'il est doux pour le héros de descendre quelquefois des marches d'airain de l'autel de Mars pour venir reposer ses yeux et ses sentimens sur l'humble et timide beauté qui sollicite à ses genoux une grace généreuse qui doit arracher à la mort, ou un père, ou un époux ou un fils. Ces traits honorent tout à la fois, et le héros qui use de clémence, et la femme qui en est le digne objet.

On n'ignore pas que Diane de Poitiers a dû la grande faveur dont elle a joui si long-temps à une indigne trahison de son père, le duc de St.-Vallier, complice avec le connétable Charles de Bourbon. On allait lui trancher la tête en place de Grève, lorsque sa fille, âgée de seize ans, vint se jeter aux genoux de François I, pour demander la grace de celui à qui elle devait la vie. Comme elle était d'une beauté séduisante; qu'elle fondait en larmes; que ses blonds cheveux étaient épars sur ses épaules; qu'elle était dans l'attitude d'une tendre suppliante, et qu'enfin une si grande douleur relevait encore l'éclat de ses charmes, le roi sentit aussitôt dans son cœur *l'amour sous la ressemblance de la Pitié*; comme le dit ingénieusement M. Bayle, il accorda à la jeune éplorée la grace qu'elle sollicitait. Le P. Anselme nous fait encore observer que le symbole des armes de cette maison est fort joli ; c'est la déesse de la chasse, tenant un dard entouré d'un ruban avec ces mots latins : *consequitur quodcumque petit*; ce qui signifie : Elle obtient tout ce qu'elle demande.

Pour terminer cette note, qui est déjà longue, disons, avec le marquis de Beccaria, Italien, auteur du célèbre ouvrage des Délits et des Peines : « Que le droit de remettre au coupable la peine qu'il a encourue est la plus belle prérogative du trône , et l'attribut le plus désirable de la souveraineté ». Notre Montesquieu dit aussi quelque part, dans son Esprit des lois : « Le pouvoir que le prince a de pardonner, exécuté avec sagesse , ne peut avoir que d'admirables effets ».

Récemment encore, cette annnée 1809 , nous avons eu une jeune personne intéressante qui a imité la fille du duc de Saint-Vallier, dans une circonstance à peu près semblable à celle où se trouvait le duc sous le règne de François I. C'est mademoiselle Clotilde de Saint-Simon , fille du marquis de Saint-Simon de la Saintonge, ancien maréchal des camps et armées du roi , homme très-connu depuis la révolution , figurant tantôt en France , en Angleterre , en Autriche, en Espagne. C'en était fait de sa vie , un conseil militaire avait condamné à mort M. de Saint-Simon , accusé de péculat, de félonie et de crime de lèse-nation. Sa fille , mademoiselle de Saint-Simon , s'informe de son prince , le demande, le cherche, va, court, fend la foule, se précipite à ses genoux, le cœur étouffé de sanglots, demande miséricorde pour son père en baisant les genoux , les mains de l'Empereur.... Sa Majesté impériale hésita

un moment craignant d'enfreindre la justice
suprême, qui doit toujours s'élever au-dessus
de la compassion des rois ; mais, voyant la piété
filiale à ses pieds, son sœur fut oppressé, atten-
dri, ses yeux même se trempèrent de larmes,
et l'Empereur pardonna.

On vante beaucoup à cette occasion un discours que M. Legouy, procureur général de
Sa Majesté, lut en plein auditoire, ayant devant lui l'impétrant M. de Saint-Simon, de-
bout et tête nue, qui entendit les lettres de
grace : on assure que ce discours est un morceau
digne de l'antiquité, tant l'éloquence y est noble,
sublime et touchante.

Page 48, ligne 19.

J'ai satisfait avec plaisir à un devoir agréable imposé
par des amis indulgens et une compagne gracieuse....

Madame de la S****, de la Vendée, ayant fait
hommage à Sa Majesté impériale et royale de
quelques essais, qui appartiennent à la morale,
à la littérature et aux arts, d'une main qui lui
est chère, a éprouvé également la douce influence
des bonnes graces de LL. MM., et je me plairai
à leur en témoigner ici ma reconnaissance au
nom de ma jeune enfant Marie-Louise Aspasie,
pensionnée de Sa Majesté l'Impératrice Jo-
séphine.

Page 48, ligne 16.

Je quitte LL. MM.; je les ai suivies, comme on vient de le voir, jusques sur les limites de mon département.

Leurs excellences messieurs de Champagny, ministre des relations étrangères; B. Hugues Maret, ministre secrétaire d'Etat, accompagnaient Leurs Majestés. J'adresserai au premier ces paroles de l'orateur romain : *Quid dicam de moribus facillimis, de pietate in imperatorem, bonitate in suos, justitiâ in omnes? hoc nota sunt vobis.* Et au second, non moins connu par ses talens d'homme d'Etat, ces autres paroles de Velléius Paterculus : *vir vitâ excellentissimus, ingenio florentissimus, lege propositâ sanctissimus, tantisque adornatus virtutibus quantas perfectâ et naturâ et industriâ mortalis conditio recepit.* Sa Majesté l'Impératrice et Reine était accompagnée de mesdames de Gazin, de l'Italie, de Montmorency et de la Rochefoucauld, noms toujours cher à la religion, à l'Etat, aux lettres, « et qui, comme le dit M. Esmenard, « avec la justesse de son esprit ordinaire, se « mêlent depuis quatre cents ans à tous les sou- « venirs glorieux de la monarchie ».

FIN DES NOTES.